GIMNASIO
MENTAL 2

GIMNASIO MENTAL 2

Traducido por: Juan Pablo Morales Anguiano

Ediciones MAAN S.A. de C.V.,
Nicolás San Juan 1043,
03100, México, D.F.

1a. edición, abril 2012.

© *IQ Challenge*
Joe Cameron 2011
Copyright © 2000 Arcturus Publishing Limited
26/27 Bickels Yard, 151-153 Bermondsey Street,
London SE13HA

© 2012, Ediciones MAAN, S.A. de C.V.
Nicolás San Juan 1043, Col. Del Valle
03100 México, D.F.
Tels. 5575-6615, 5575-8701 y 5575-0186
Fax. 5575-6695
ISBN-13: 978-607-720-022-2

© Traducción: Juan Pablo Morales Anguiano
© Formación tipográfica: Francisco Miguel M.
© Diseño de Portada: Karla Silva
Supervisor de producción: Leonardo Figueroa

Miembro de la Cámara Nacional
de la Industria Editorial N° 3647

Este libro se publicó conforme al contrato establecido entre
Arcturus Publishing Limited y *Ediciones MAAN, S.A. de C.V.*

Impreso en México - *Printed in Mexico*

Introducción

Este libro tiene la finalidad que usted mantenga su cerebro en forma.

El cerebro, al igual que los músculos en los que nos apoyamos para realizar nuestras actividades diarias, debe ser ejercitado. Este libro está diseñado para que el esfuerzo mental que realice para pasar cada nivel sea gradual, logrando un verdadero desarrollo de sus habilidades.

Es por eso que encontrará que está dividido en etapas, las cuales van de básicos, pasando por intermedias hasta llegar a avanzadas. De esta forma, usted empezará con ejercicios fáciles e irá avanzando hasta llegar a los que tienen un grado mayor de complejidad, logrando aumentar, además del nivel, la agilidad mental y concentración de su cerebro.

Al final de este libro, encontrará las respuestas, evite verlas lo más que le sea posible, pues si lo hace sólo se estará engañando y no logrará el objetivo primordial de este libro:

Inscribirse en este

GIMNASIO MENTAL

Le deseamos la mejor de las suertes
y comience a ejercitarse.

Etapa 1

EJERCICIO 1
¿Qué número falta?

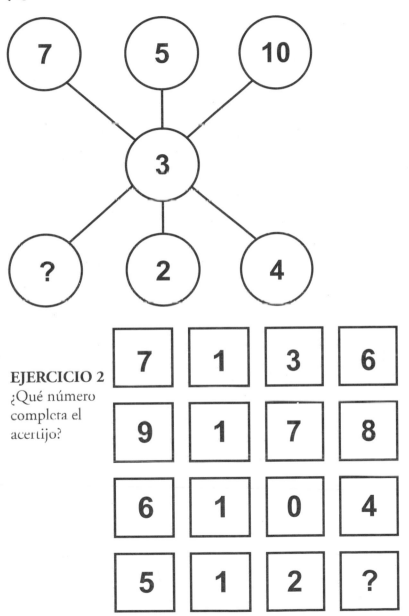

EJERCICIO 2
¿Qué número
completa el
acertijo?

EJERCICIO 3

¿Qué número completa esta secuencia?

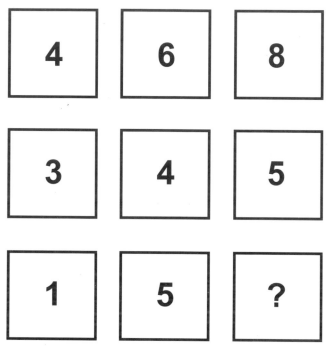

EJERCICIO 4

Siguiendo una secuencia lógica, ¿puedes completar esta secuencia?

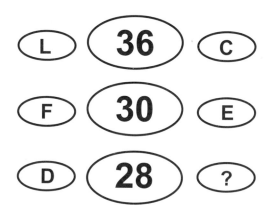

EJERCICIO 5

Siguiendo una secuencia lógica, ¿qué número se debe añadir para completar esta secuencia?

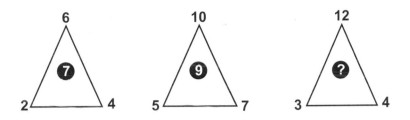

EJERCICIO 6

¿Qué número falta?

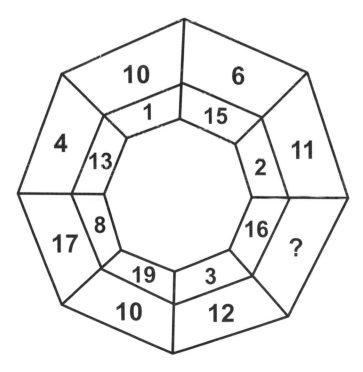

EJERCICIO 7
¿Qué número completa el acertijo?

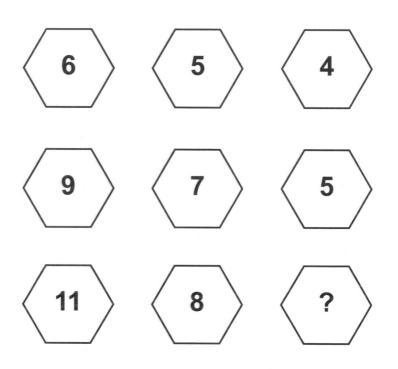

EJERCICIO 8
¿Qué letra completa esta secuencia?

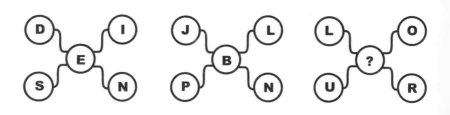

EJERCICIO 9
¿Qué número falta?

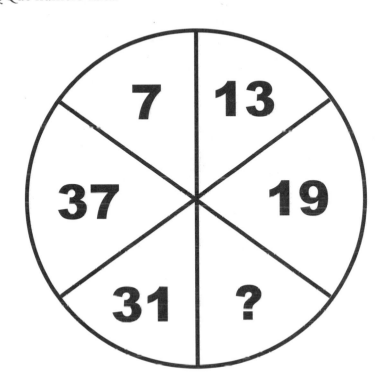

EJERCICIO 10
¿Qué letra completa
este acertijo?

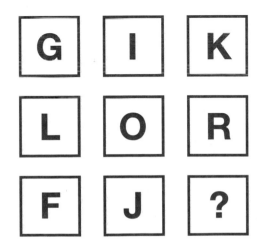

EJERCICIO 11
¿Qué número completa esta secuencia?

EJERCICIO 12
Siguiendo una secuencia lógica, ¿puedes completar esta secuencia?

EJERCICIO 13
¿Qué reloj completa esta secuencia?

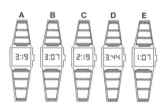

EJERCICIO 14
¿Qué letra falta en la última estrella para completar este acertijo?

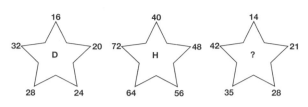

EJERCICIO 15
¿Qué número completa esta secuencia?

4	6	3
7	11	5
13	21	?

EJERCICIO 16
¿Qué número completa esta secuencia?

5	8	14	26	?

EJERCICIO 17
¿Qué letra completa esta secuencia?

EJERCICIO 18
¿Qué número debe ser añadido al último triángulo para completar este acertijo?

EJERCICIO 19
¿Qué número debe ser añadido para completar esta secuencia?

| 25 |

| 36 |

| 49 |

| 64 |

| ? |

EJERCICIO 20

¿Qué patrón completa la línea?

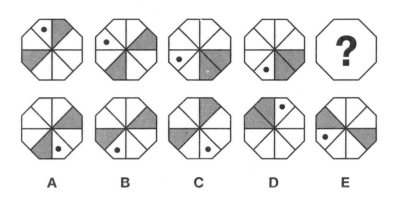

EJERCICIO 21

¿Cuál de los seis patrones de abajo de la imagen, puede completar el acertijo?

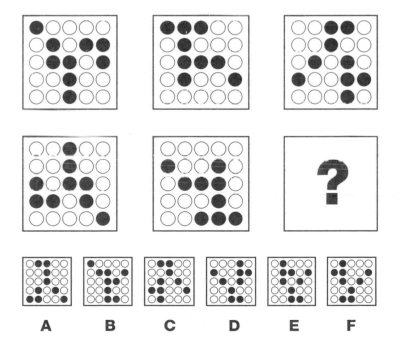

EJERCICIO 22

¿Qué naipe va en el espacio vacío?

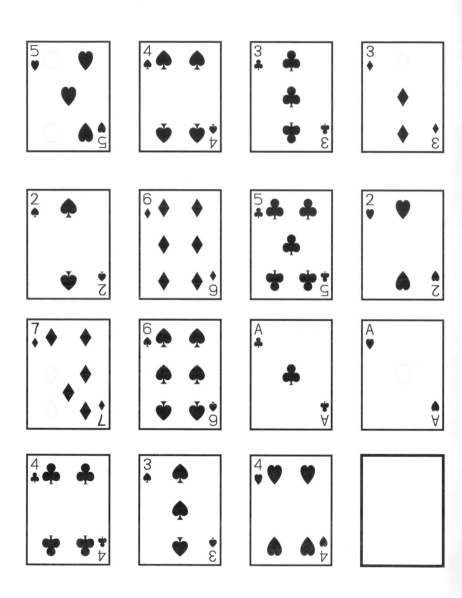

EJERCICIO 23
¿Qué número completa este acertijo?

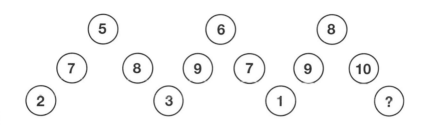

EJERCICIO 24
¿Qué falta del último círculo?

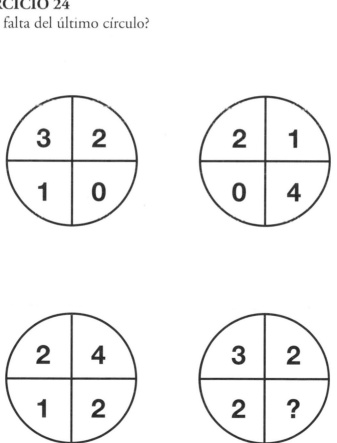

EJERCICIO 25
¿Qué letra completa esta secuencia?

EJERCICIO 26
El orden de estas monedas forma un cuadro, con 3 monedas por lado. ¿Puedes mover 4 monedas para hacer un cuadro con 4 monedas por lado?

EJERCICIO 27
¿Qué número reemplaza al signo de interrogación y completa este acertijo?

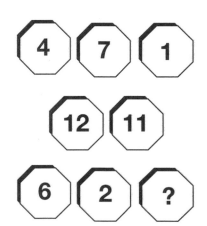

EJERCICIO 28
¿Qué falta del último círculo?

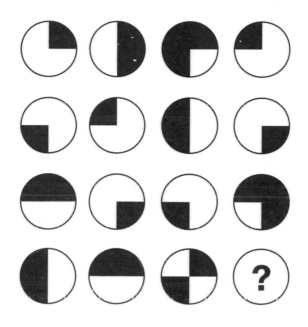

EJERCICIO 29
¿Qué ficha de dominó completa el acertijo?

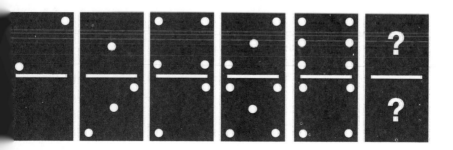

Etapa 2

EJERCICIO 1

¿Qué número va en el círculo vacío?

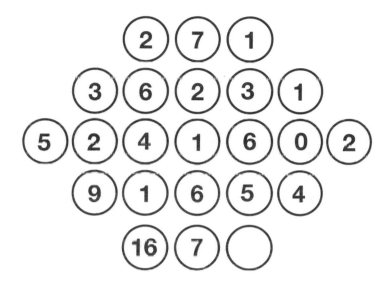

EJERCICIO 2

¿Cuál de los cuadros más pequeños sigue la misma regla que los seis superiores?

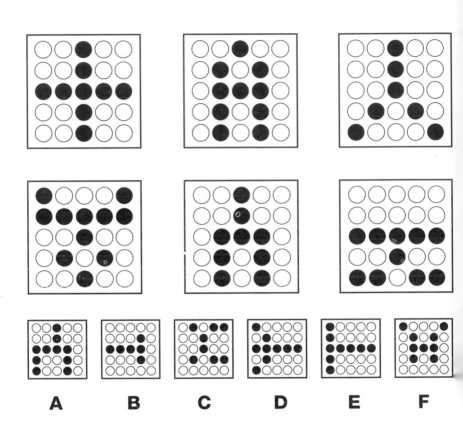

EJERCICIO 3
¿Hacia dónde señala la manecilla que falta?

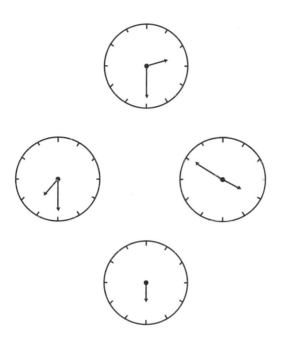

EJERCICIO 4
¿Qué falta en el último círculo?

5	9
1	4

7	12
1	9

9	8
1	7

12	10
2	?

EJERCICIO 5
¿Qué letra completa el acertijo?

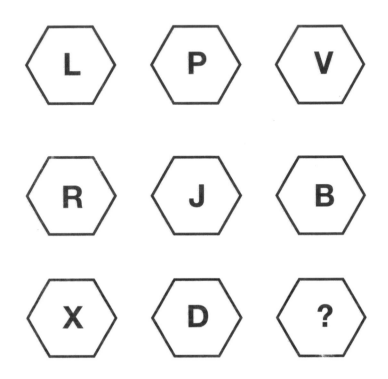

EJERCICIO 6
¿Qué número completa el acertijo?

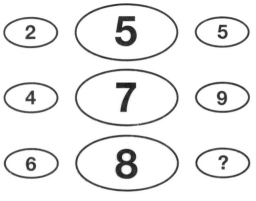

EJERCICIO 7
¿Qué falta de la última estrella?

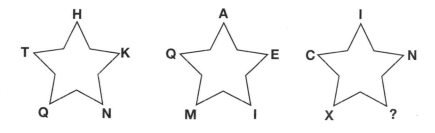

EJERCICIO 8
¿Qué falta del último triángulo?

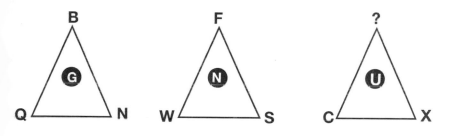

EJERCICIO 9

¿Qué letra reemplaza al signo de interrogación y completa este acertijo?

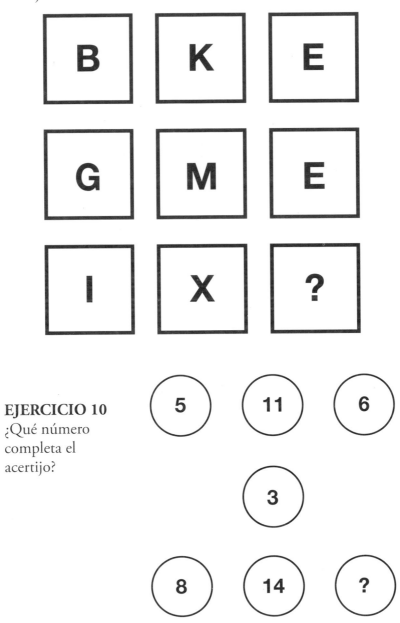

EJERCICIO 10

¿Qué número completa el acertijo?

EJERCICIO 11

¿Qué letra va en el espacio vacío de este círculo?

EJERCICIO 12

¿Qué número reemplaza al signo de interrogación y completa este acertijo?

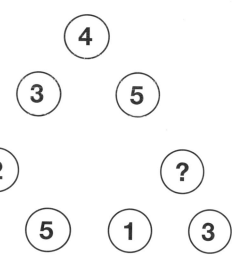

EJERCICIO 13
¿Qué número debe ocupar el
cuadro inferior
y completar este acertijo?

| 2 |
| 6 |
| 14 |
| 30 |
| ? |

EJERCICIO 14
¿Qué número
reemplaza al signo
de interrogación
y completa este
acertijo?

7	9	11
6	3	4
4	5	?

EJERCICIO 15
¿Qué reloj completa
la secuencia?

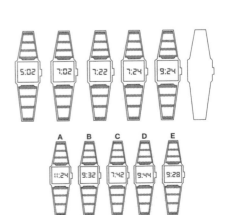

EJERCICIO 16
¿Qué patrón completa la secuencia?

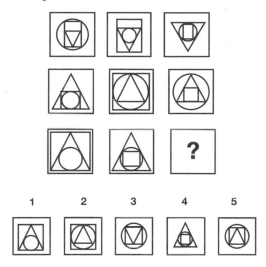

EJERCICIO 17
¿Qué falta en el último círculo?

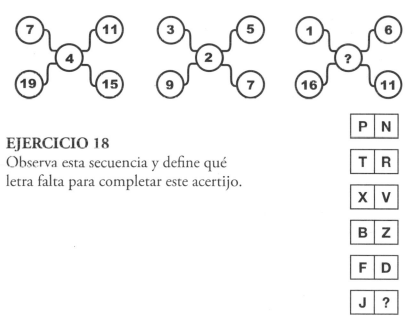

EJERCICIO 18
Observa esta secuencia y define qué letra falta para completar este acertijo.

P	N
T	R
X	V
B	Z
F	D
J	?

EJERCICIO 19

¿Qué número reemplaza al signo de interrogación y completa este acertijo?

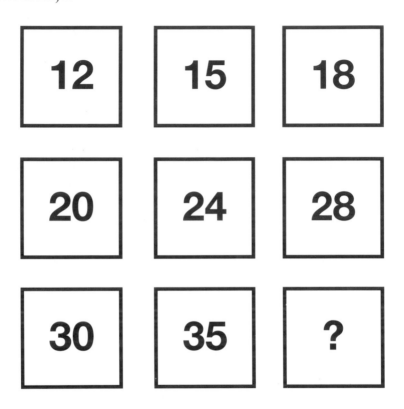

EJERCICIO 20

¿Qué número completa el acertijo?

EJERCICIO 21

¿Qué número debe ir en el círculo inferior derecho?

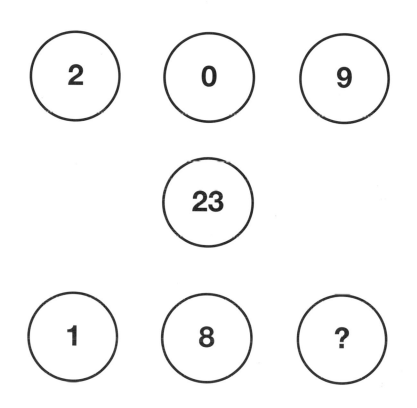

EJERCICIO 22

¿Qué falta en el último triángulo?

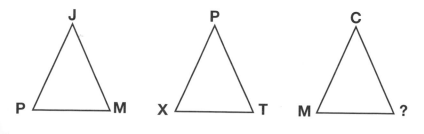

EJERCICIO 23
¿Hacia dónde señala la manecilla que falta?

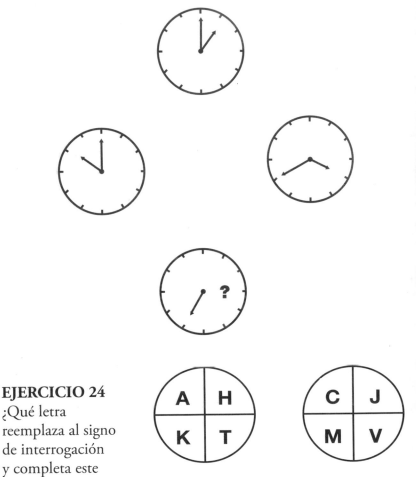

EJERCICIO 24
¿Qué letra reemplaza al signo de interrogación y completa este acertijo?

EJERCICIO 25
¿Qué número completa la secuencia?

EJERCICIO 26
¿Qué letra falta en el círculo?

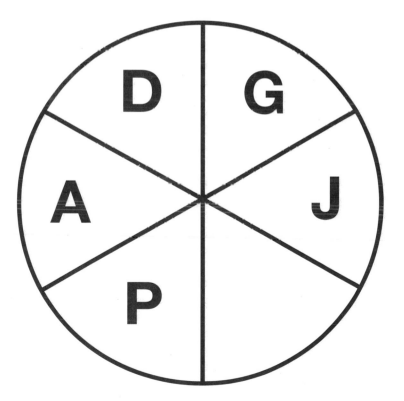

EJERCICIO 27
¿Puedes mover sólo dos cerillos para crear 7 cuadros?

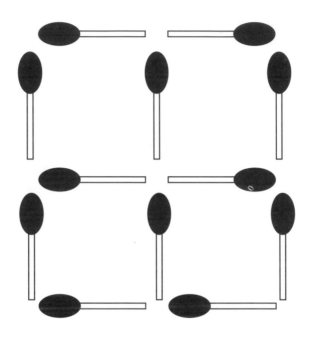

EJERCICIO 28
¿Qué falta en esta pirámide de números?

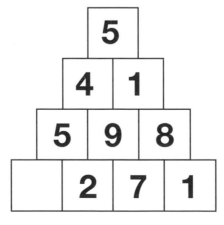

Etapa 3

EJERCICIO 1
¿Qué hora debería mostrar la carátula inferior?

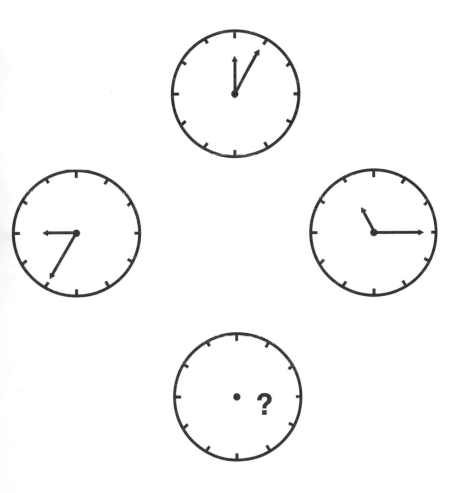

EJERCICIO 2

¿Qué letras completan esta secuencia?

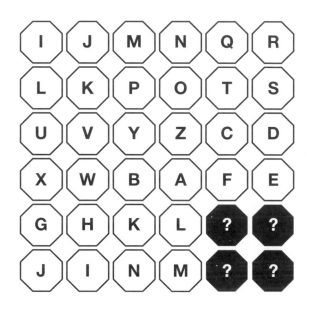

EJERCICIO 3

¿Qué número debe ocupar el espacio en el círculo inferior derecho y completaría este acertijo?

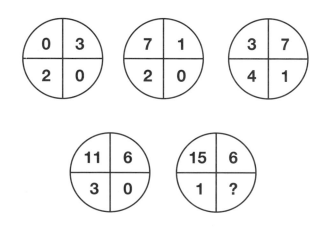

EJERCICIO 4
¿Qué número completa esta secuencia?

3

4

7

11

?

EJERCICIO 5
¿Qué número completa esta pirámide?

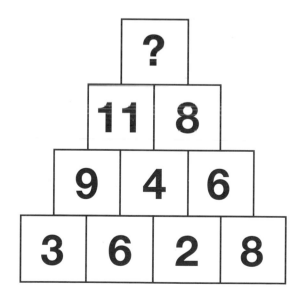

EJERCICIO 6

¿Qué número falta en el último círculo?

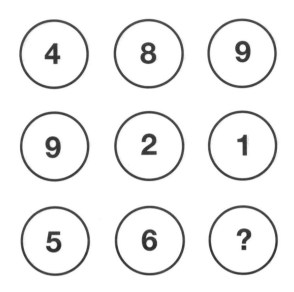

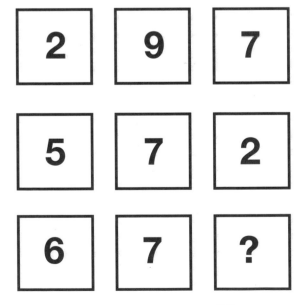

EJERCICIO 7
¿Qué número reemplaza al signo de interrogación y completa este acertijo?

EJERCICIO 8
¿Cuál de los cuadros más pequeños completa el patrón?

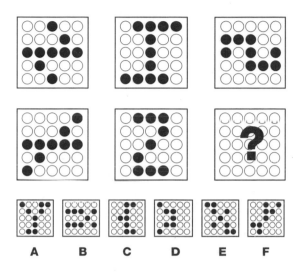

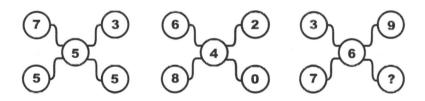

| A | B | C | D | E | F |

EJERCICIO 9
¿Qué falta en el último círculo?

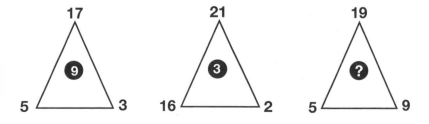

EJERCICIO 10
¿Qué falta en el último triángulo?

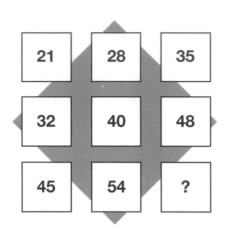

EJERCICIO 11
¿Qué número reemplaza al signo de interrogación y completa este acertijo?

EJERCICIO 12
¿Qué número completa el acertijo?

EJERCICIO 13
¿Qué falta en el
último círculo?

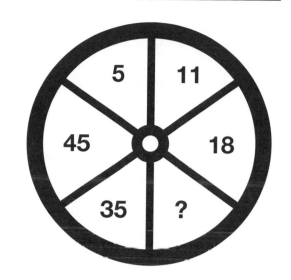

EJERCICIO 14
¿Qué falta en
este patrón?

5   2   3

10   4   6

9   5   ?

EJERCICIO 15

¿Qué número reemplaza al signo de interrogación y completa este acertijo?

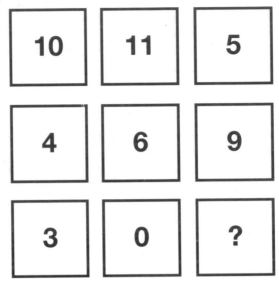

EJERCICIO 16

¿Qué número completa el triángulo?

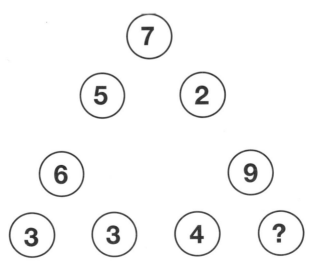

EJERCICIO 17

¿Qué número completa el acertijo?

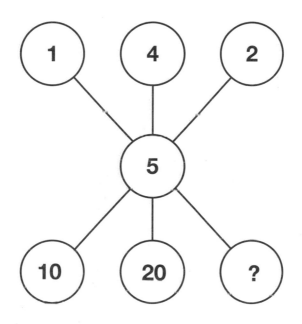

EJERCICIO 18

Siguiendo una secuencia lógica, ¿puedes completar este acertijo?

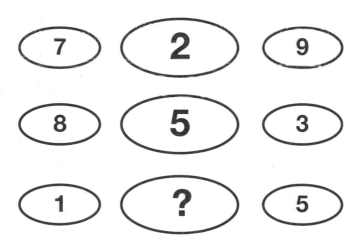

EJERCICIO 19

¿Qué número reemplaza al signo de interrogación y completa esta pirámide?

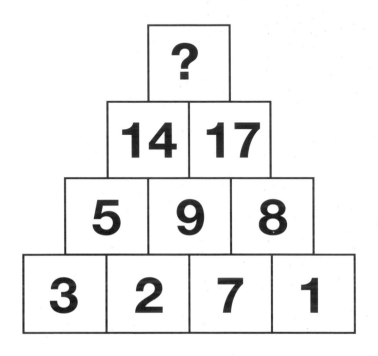

EJERCICIO 20

¿Qué número completa esta secuencia?

EJERCICIO 21

¿Cuál de los cuadros más pequeños completa el acertijo?

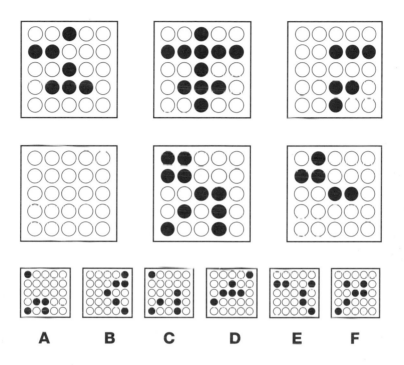

EJERCICIO 22

Siguiendo una secuencia lógica, ¿puedes completar este acertijo?

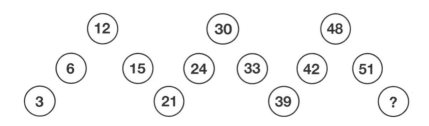

EJERCICIO 23
¿Qué naipes llenan los espacios en blanco?

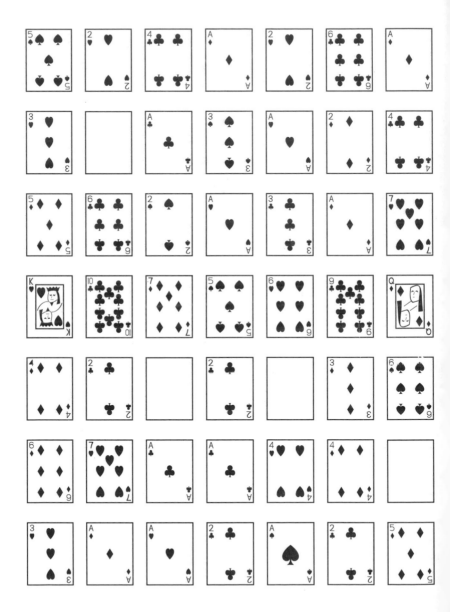

EJERCICIO 24
¿Qué número falta?

EJERCICIO 25
Aquí hay 5 cerillos, de los cuales se han formado 2 triángulos equiláteros. ¿Puedes añadir 1 cerillo, y mover 2 para formar 8 triángulos equiláteros?

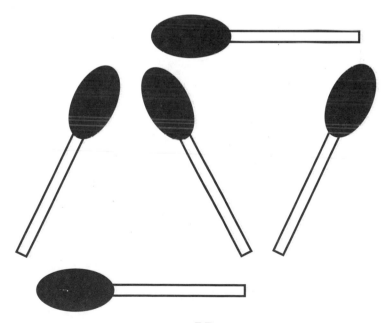

EJERCICIO 26
¿Qué letras no corresponden?

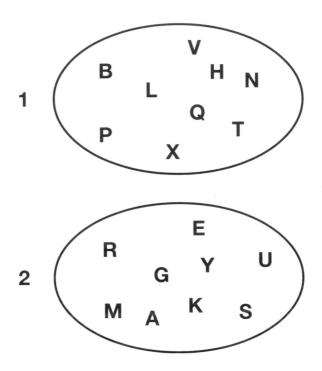

EJERCICIO 27
¿Qué número completa este círculo?

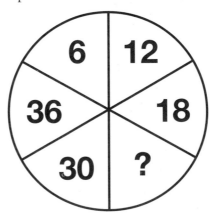

Etapa 4

EJERCICIO 1
¿Qué letra completa el acertijo?

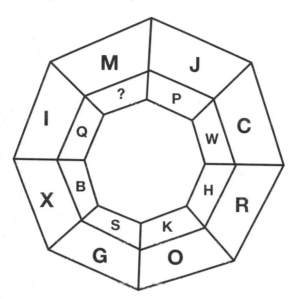

EJERCICIO 2
¿Qué número falta?

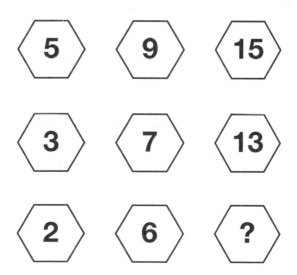

EJERCICIO 3
¿Qué letra completa esta rueda?

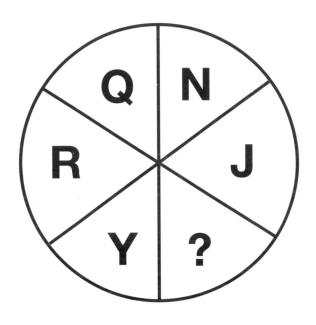

EJERCICIO 4
Siguiendo una secuencia lógica, ¿puedes completar este acertijo?

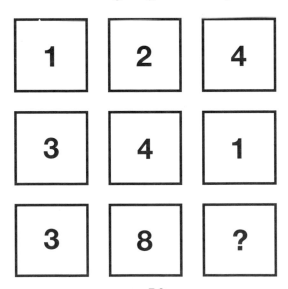

EJERCICIO 5
¿Cuál de los cuadros más pequeños completa el acertijo?

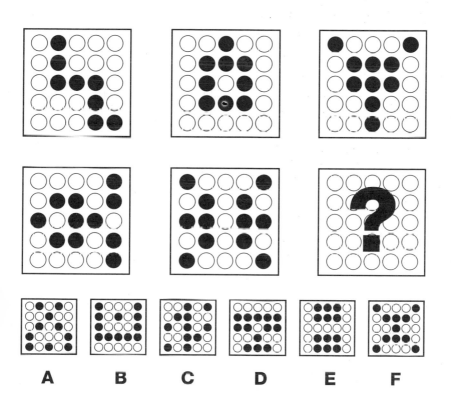

A   **B**   **C**   **D**   **E**   **F**

EJERCICIO 6

¿Qué hora debería mostrar el último reloj?

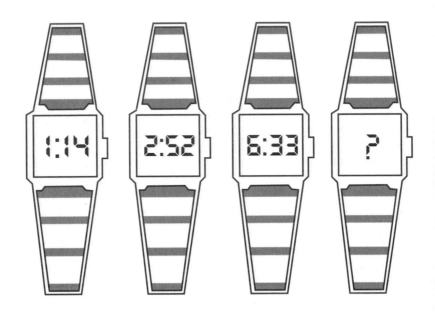

EJERCICIO 7

¿Qué falta en el último círculo vacío?

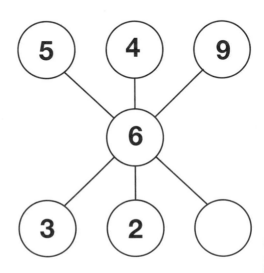

EJERCICIO 8
¿Qué letra falta?

EJERCICIO 9
¿Qué falta en el último segmento?

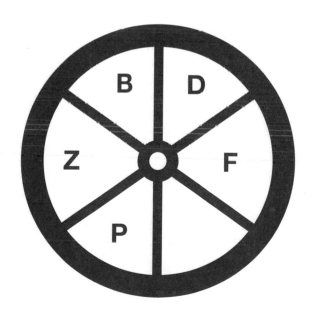

EJERCICIO 10
¿Qué letra completa este acertijo?

EJERCICIO 11
Siguiendo una secuencia lógica, ¿puedes completar este acertijo?

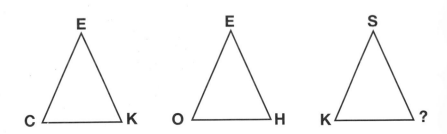

EJERCICIO 12
¿Qué números faltan en este patrón?

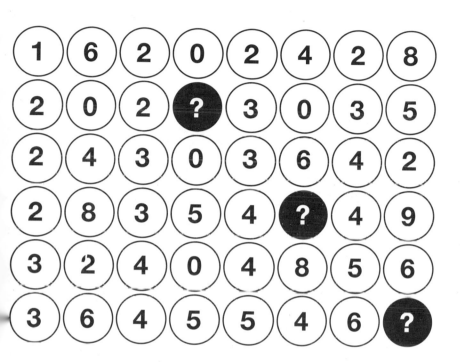

EJERCICIO 13
¿Qué número falta?

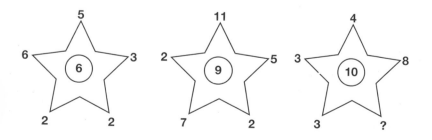

EJERCICIO 14
¿Qué letra falta?

EJERCICIO 15
Siguiendo una secuencia lógica, ¿puedes completar este acertijo?

EJERCICIO 16
¿Qué falta en el último segmento?

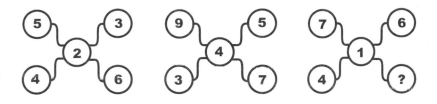

EJERCICIO 17
¿Qué número falta?

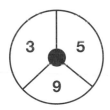  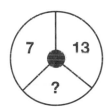

EJERCICIO 18
¿Qué letra completa el acertijo?

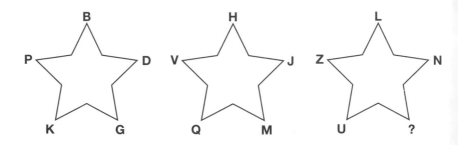

EJERCICIO 19
¿Qué letra completa esta secuencia?

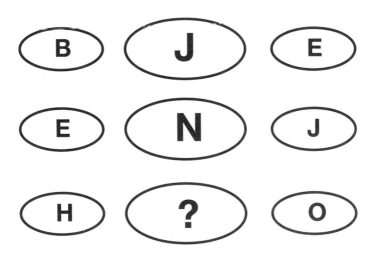

EJERCICIO 20
¿Puedes mover 3 monedas y hacer que la punta del triángulo señale hacia arriba?

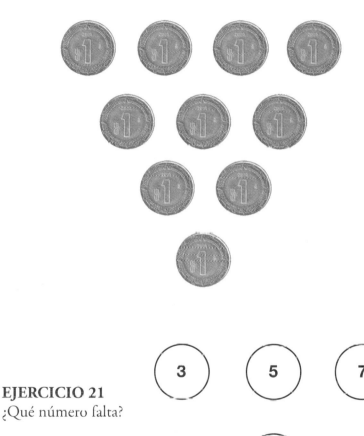

EJERCICIO 21
¿Qué número falta?

EJERCICIO 22
¿Qué número no corresponde en cada óvalo?

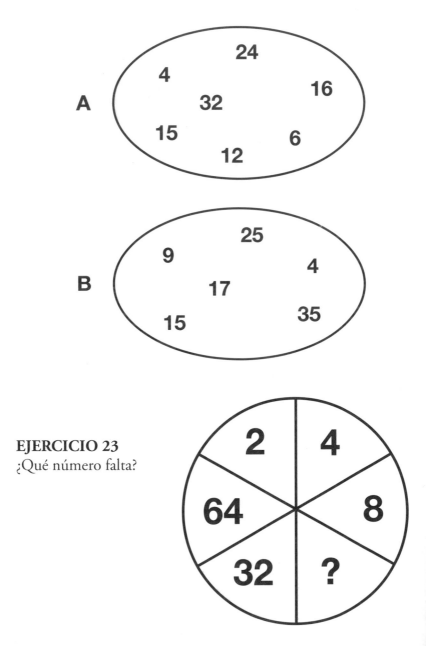

A

24
4
32
16
15
6
12

B

25
9
4
17
15
35

EJERCICIO 23
¿Qué número falta?

2   4
64   8
32   ?

EJERCICIO 24
¿Qué letra completa este acertijo?

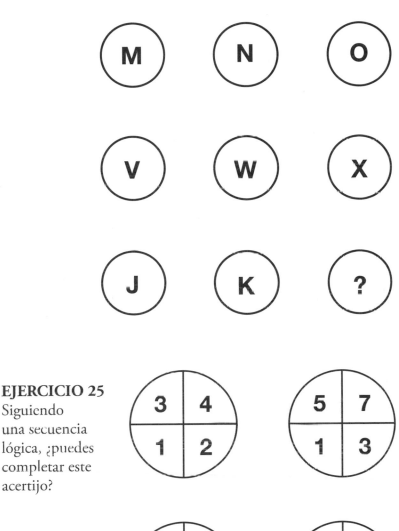

EJERCICIO 25
Siguiendo una secuencia lógica, ¿puedes completar este acertijo?

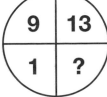

EJERCICIO 26

¿Qué falta de la balanza para lograr equilibrarla?

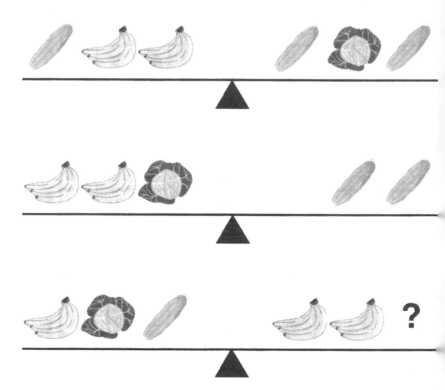

EJERCICIO 27
¿Hacia dónde señala la
manecilla que falta?

EJERCICIO 28
¿Qué letra falta?

G	E	H	M
D	L	K	P
Q	I	F	?
28	26	25	30

EJERCICIO 29

¿Qué pieza se ajusta al espacio negro para completar este patrón?

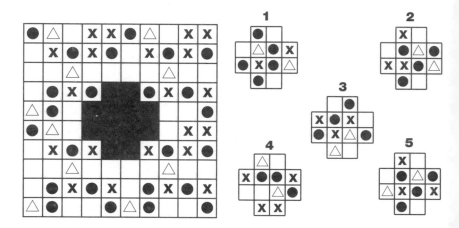

Etapa 5

EJERCICIO 1
¿Qué número falta?

EJERCICIO 2

¿Qué letra reemplaza al signo de interrogación?

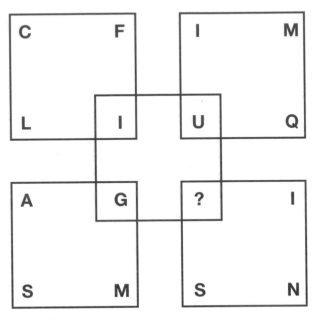

EJERCICIO 3

Siguiendo una secuencia lógica, ¿puedes completar este acertijo?

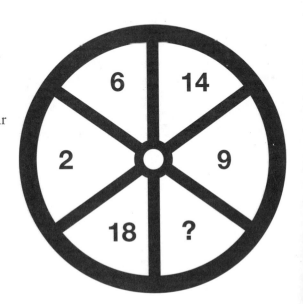

EJERCICIO 4
¿Qué letra completa este acertijo?

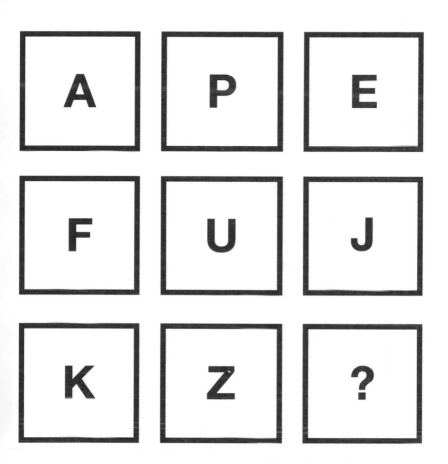

EJERCICIO 5

¿Qué naipe completa este acertijo?

EJERCICIO 6

¿Qué número reemplaza al signo de interrogación y completa este acertijo?

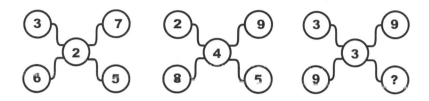

EJERCICIO 7

¿Qué número falta?

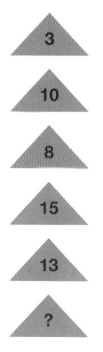

EJERCICIO 8

¿Qué letra completa esta secuencia?

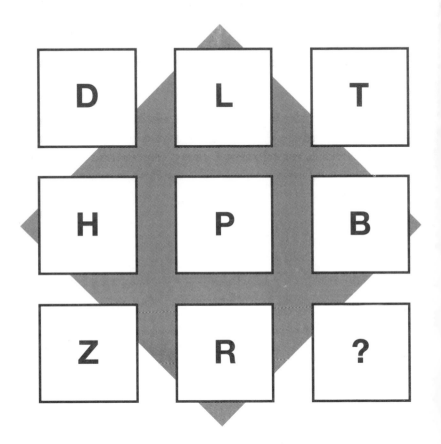

EJERCICIO 9
¿Qué reloj completa la secuencia?

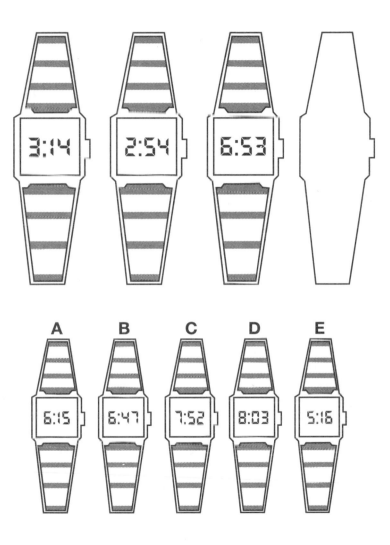

EJERCICIO 10
¿Qué número falta?

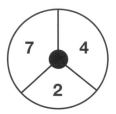 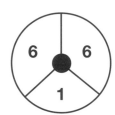 

EJERCICIO 11
¿Cuál de los cuadros más pequeños completa el acertijo?

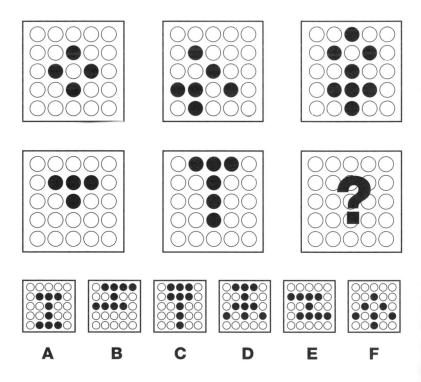

EJERCICIO 12
¿Qué número falta?

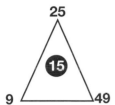 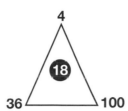 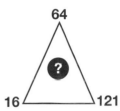

EJERCICIO 13
Siguiendo una secuencia lógica, ¿puedes completar esta secuencia?

EJERCICIO 14

¿Qué números no corresponden en estas dos selecciones?

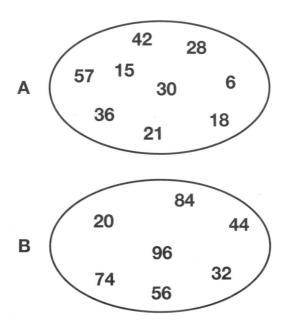

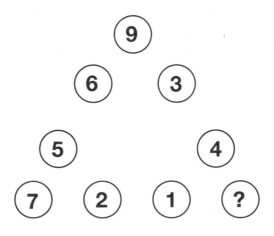

EJERCICIO 15

¿Qué completa este triángulo numérico?

EJERCICIO 16

¿Qué falta de este acertijo?

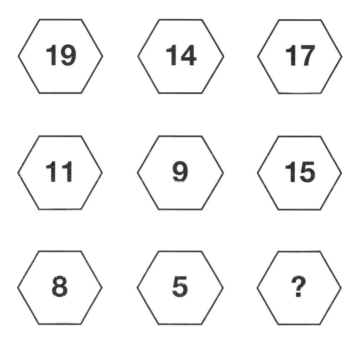

EJERCICIO 17

Siguiendo una secuencia lógica, ¿puedes completar esta secuencia?

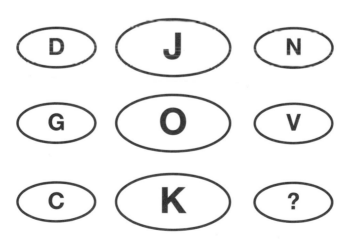

EJERCICIO 18
¿Qué letra completa este acertijo?

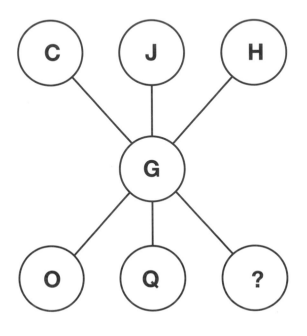

EJERCICIO 19
¿Qué número completa este acertijo?

EJERCICIO 20

En esta secuencia lógica de letras, ¿qué se necesita para completarla?

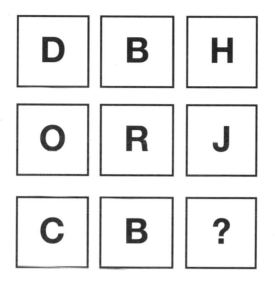

EJERCICIO 21

¿Qué número falta?

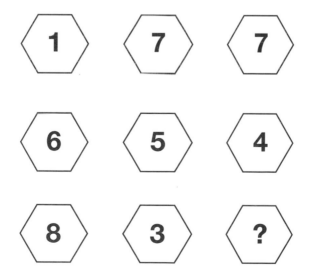

EJERCICIO 22
¿Qué número falta?

EJERCICIO 23
¿Qué número falta?

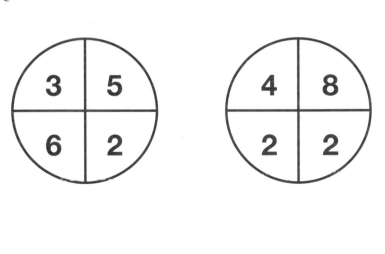

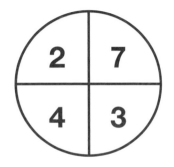

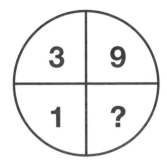

EJERCICIO 24

¿Qué valor reemplaza al signo de interrogación y equilibra esta balanza?

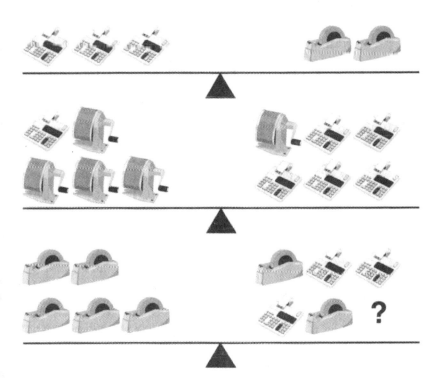

EJERCICIO 25

¿Qué naipe completa este acertijo?

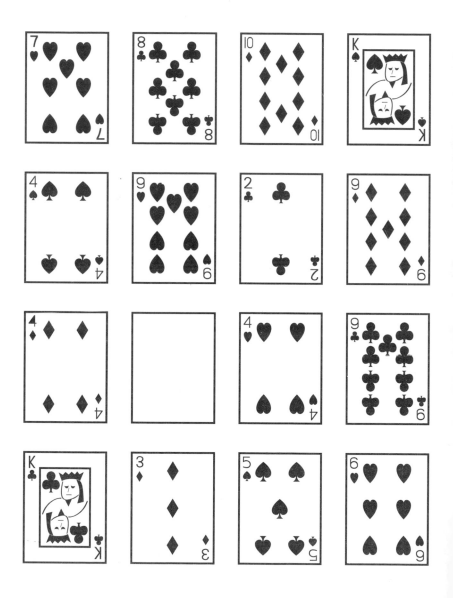

EJERCICIO 26
¿Cuáles 3 números faltan de este acertijo?

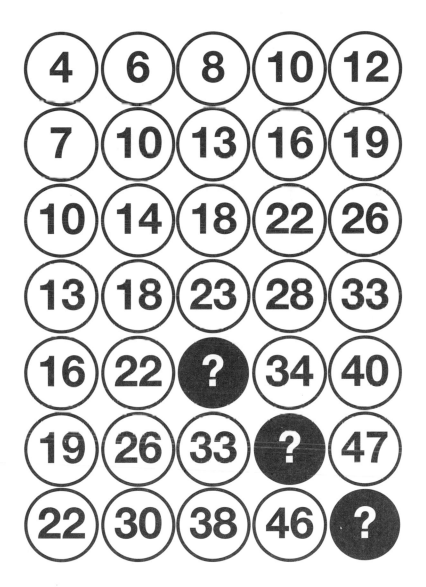

EJERCICIO 27

¿Qué patrón completa este acertijo?

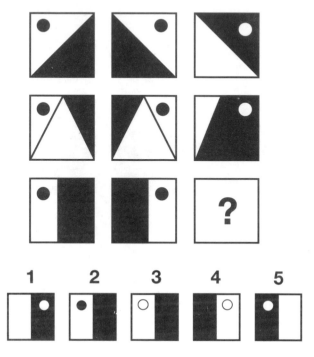

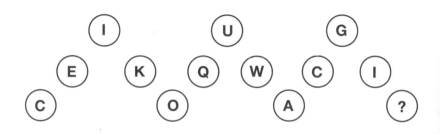

EJERCICIO 28

Siguiendo una secuencia lógica, ¿puedes completar esta secuencia?

Etapa 6

EJERCICIO 1

¿Cuál de los cuadros más pequeños completa esta secuencia?

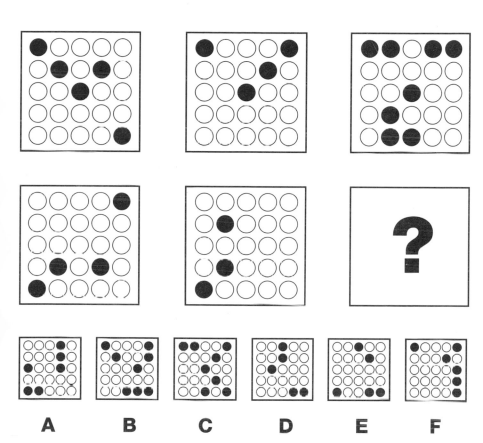

A   B   C   D   E   F

EJERCICIO 2
¿Qué falta en el último triángulo?

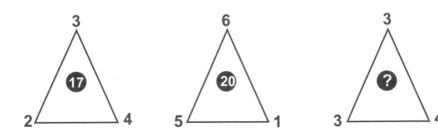

EJERCICIO 3
¿Qué número falta?

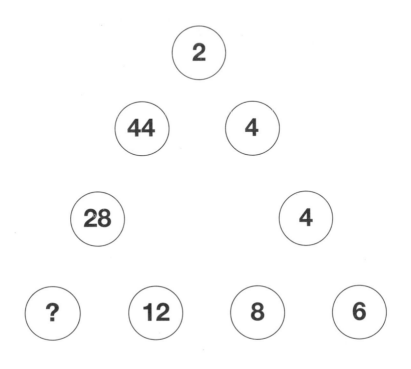

EJERCICIO 4

¿Qué número completa esta secuencia?

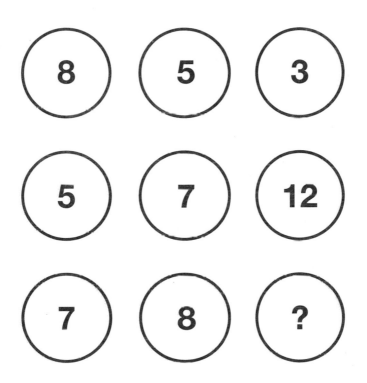

EJERCICIO 5

¿Qué letra completa este acertijo?

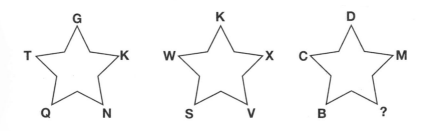

EJERCICIO 6

Siguiendo una secuencia lógica, ¿puedes completar este acertijo?

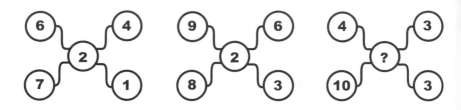

EJERCICIO 7

¿Qué falta en el último círculo central?

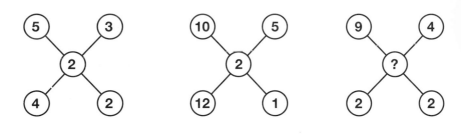

EJERCICIO 8

¿Qué número reemplaza al signo de interrogación y completa este acertijo?

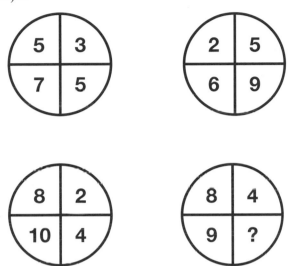

EJERCICIO 9

¿Qué letra completa este acertijo?

EJERCICIO 10

¿Qué número falta en el último círculo?

 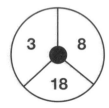 

EJERCICIO 11

¿Qué número falta en el último triángulo?

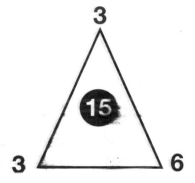 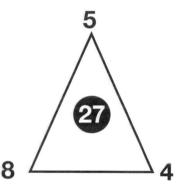

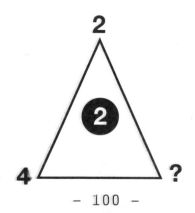

EJERCICIO 12
¿Qué número completa este acertijo?

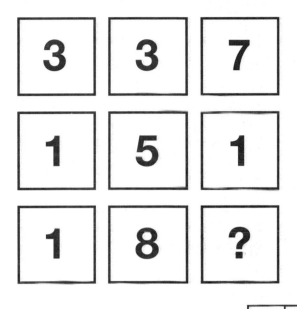

EJERCICIO 13
En esta secuencia de letras, ¿qué necesitamos para completar el acertijo?

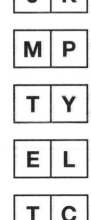

EJERCICIO 14

¿Qué necesitamos para completar esta pirámide numérica?

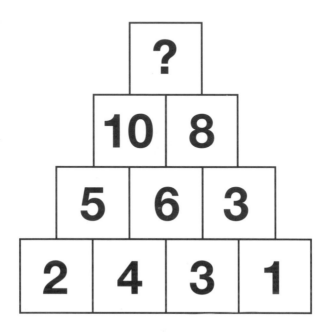

EJERCICIO 15

¿Qué letra completa el acertijo?

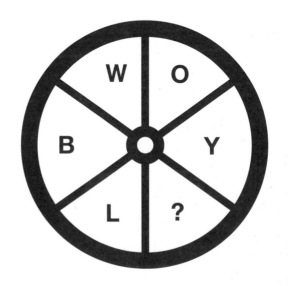

EJERCICIO 16
¿Qué falta en el último círculo?

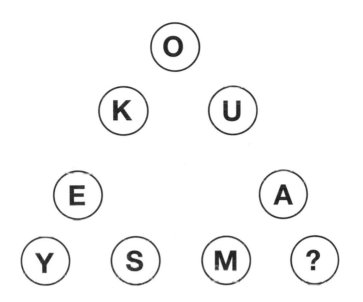

EJERCICIO 17
¿Qué número completa
esta secuencia?

EJERCICIO 18

Siguiendo una secuencia lógica, ¿puedes completar esta secuencia?

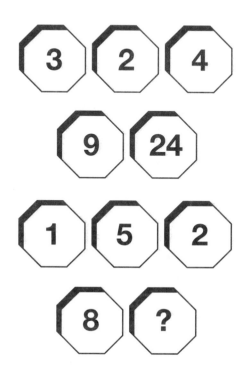

EJERCICIO 19

¿Qué letra completa este acertijo?

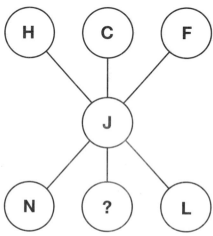

EJERCICIO 20
¿Qué letra completa el acertijo?

R

W

C

J

?

EJERCICIO 21
¿Qué letra completa el acertijo?

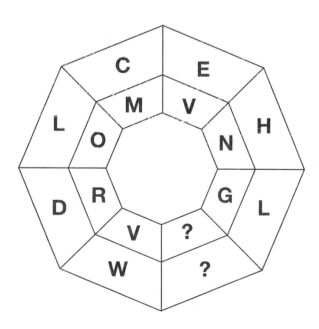

EJERCICIO 22
¿Qué letra completa esta pirámide?

EJERCICIO 23
¿Puedes mover sólo 4 ccrillos para hacer 3 triángulos equiláteros?

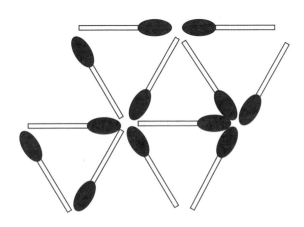

EJERCICIO 24
¿Qué letra no corresponde en cada óvalo?

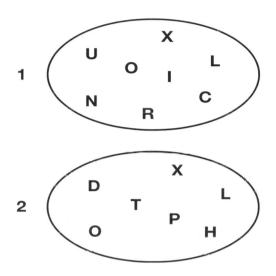

EJERCICIO 25
¿Hacia dónde señala la manecilla que falta?

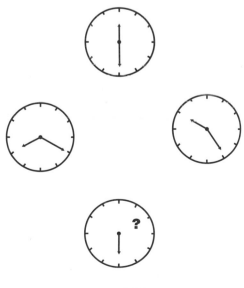

EJERCICIO 26

Siguiendo una secuencia lógica, ¿puedes completar esta secuencia?

EJERCICIO 27

¿Qué letra debe ocupar el espacio vacío?

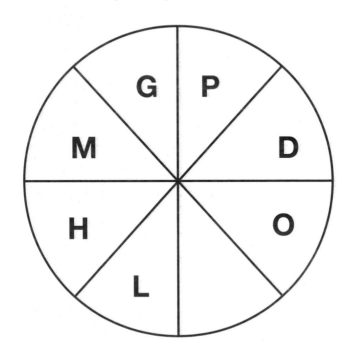

EJERCICIO 28
¿Qué número falta?

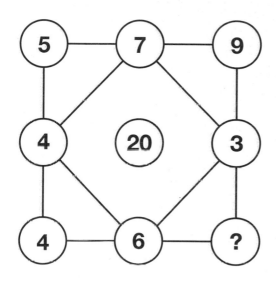

EJERCICIO 29
Siguiendo una secuencia lógica,
¿puedes completar esta secuencia?

3

11

27

59

123

?

EJERCICIO 30

¿Qué se necesita añadir al tercer renglón de la balanza para equilibrarla perfectamente?

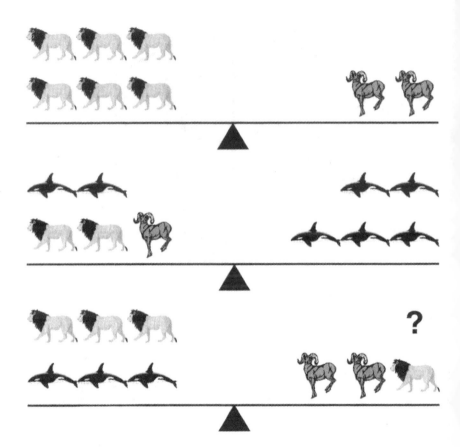

Etapa 7

EJERCICIO 1
¿Qué letra completa este acertijo?

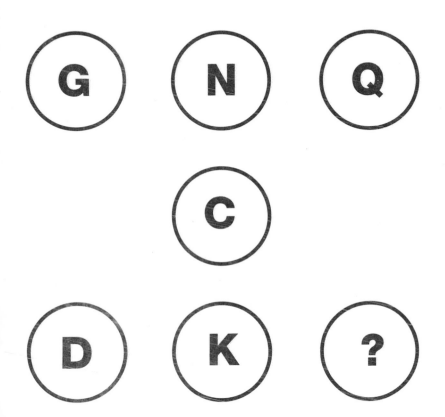

EJERCICIO 2
¿Qué letra completa esta secuencia?

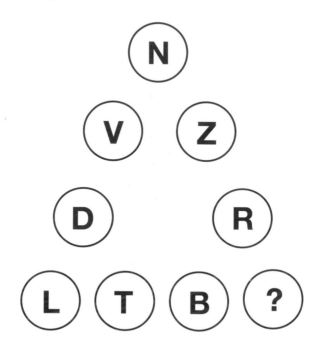

EJERCICIO 3
¿Qué patrón de los señalados con letras reemplaza al signo de interrogación y completa esta secuencia?

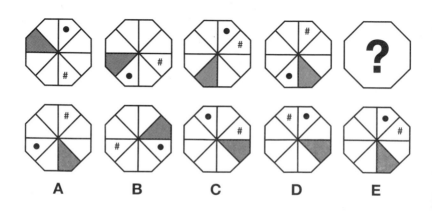

EJERCICIO 4
¿Qué falta en el triángulo inferior?

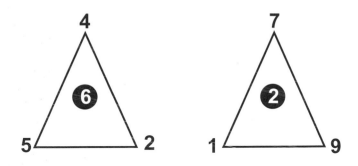

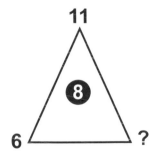

EJERCICIO 5
¿Qué falta en la última estrella?

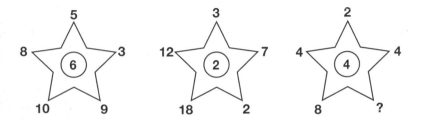

EJERCICIO 6
¿Qué letra en la línea inferior completa el acertijo?

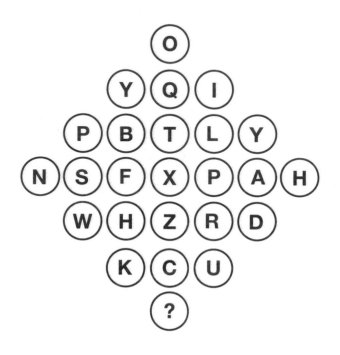

EJERCICIO 7
Siguiendo una secuencia lógica, ¿puedes completar esta secuencia?

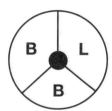 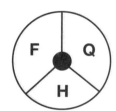 

EJERCICIO 8
¿Qué número completa este acertijo?

EJERCICIO 9
¿Hacia dónde señala la manecilla que falta?

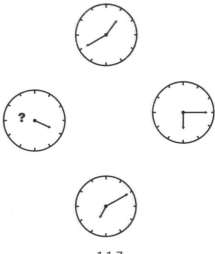

EJERCICIO 10
¿Qué letra sigue?
Pista: es la primera vez que deberás pensar de esta manera.

B	C	D	G	?

EJERCICIO 11
En esta secuencia numérica,
¿qué número falta?

5	7

7	10

11	16

19	28

35	52

67	?

EJERCICIO 12
¿Qué número falta?

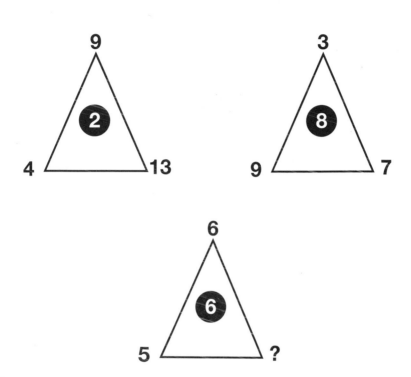

EJERCICIO 13
¿Qué falta en el último triángulo?

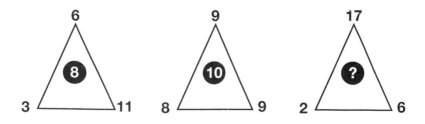

EJERCICIO 14
¿Qué falta en el último círculo del triángulo?

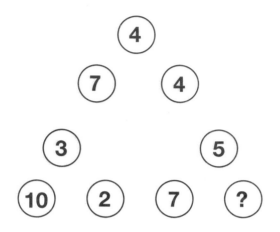

EJERCICIO 15
¿Qué letra completa este acertijo?

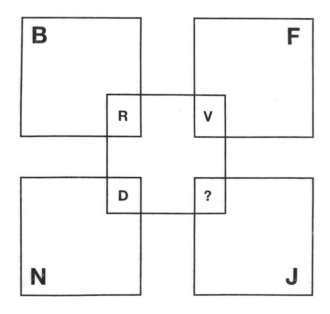

EJERCICIO 16
Siguiendo una secuencia lógica
¿puedes completar esta secuencia?

92

74

46

22

?

EJERCICIO 17
¿Qué letra falta?

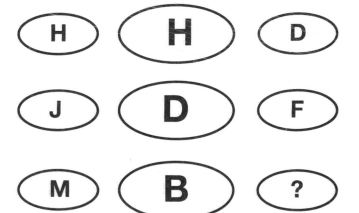

EJERCICIO 18

¿Qué número debe ir en el espacio vacío del lado inferior derecho?

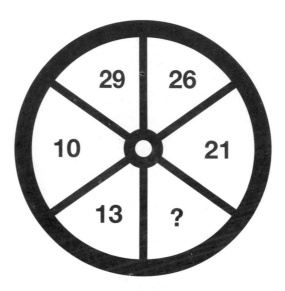

EJERCICIO 19

¿Qué reemplaza al signo de interrogación?

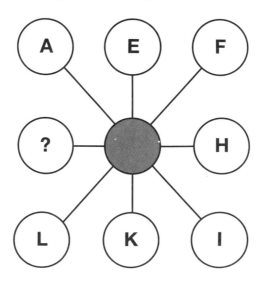

EJERCICIO 20

Siguiendo una secuencia lógica,
¿puedes completar esta secuencia?

EJERCICIO 21

¿Puedes mover 3 cerillos y
dejar tan sólo 3 cuadros?

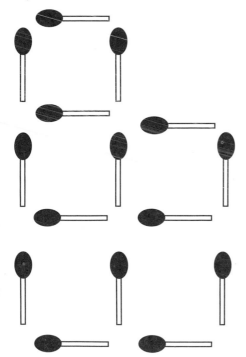

EJERCICIO 22
¿Qué completa esta secuencia?

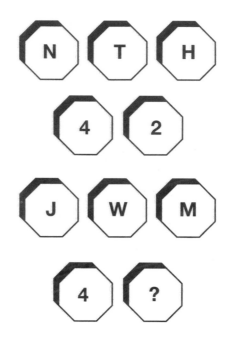

EJERCICIO 23
¿Qué letra completa este acertijo?

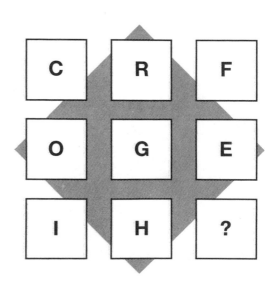

EJERCICIO 24
¿Qué número falta?

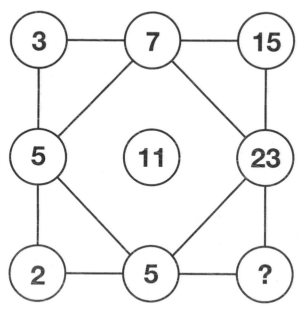

EJERCICIO 25
¿Puedes dibujar esta figura utilizando sólo 10 líneas rectas, sin levantar la pluma del papel o trazar por encima de cada línea dos veces?

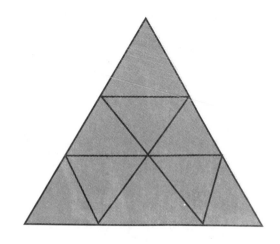

EJERCICIO 26
Completa este acertijo.

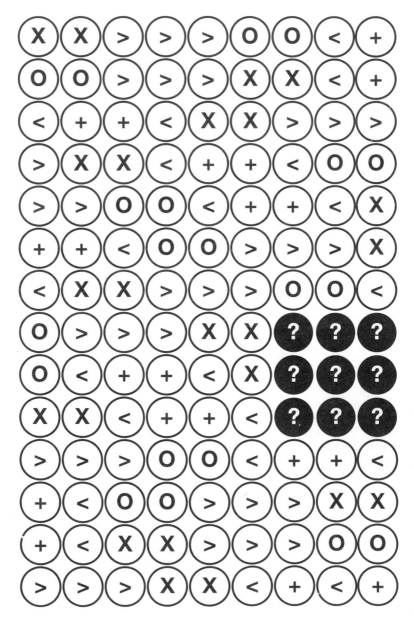

Respuestas

Etapa 1

Ejercicio 1-7
Comenzando en la fila superior, y tomando líneas rectas a través del centro, resta el número central del número superior, y coloca el resultado en la casilla inferior correspondiente.

Ejercicio 2-7
Trabajando en filas, suma los números de la derecha e izquierda para obtener un resultado de dos dígitos, y escribe esto en la casilla interior derecha.

Ejercicio 3-9
En cada fila, el número central es igual a la mitad de la suma de los números de la izquierda y la derecha.

Ejercicio 4-G
En cada fila, multiplica los valores numéricos de las letras de la izquierda y la derecha entre sí para obtener el valor central.

Ejercicio 5-8
En cada triángulo, divide el número central entre el número inferior izquierdo y suma el número inferior derecho para obtener el valor en el centro del triángulo.

Ejercicio 6-7
En cada segmento, la diferencia entre los números exteriores y los internos siempre es 9, con los números más altos y los más bajos alternando del anillo interior al exterior en cada paso.

Ejercicio 7-5
Trabajando en filas, el número central es igual a la mitad de los valores de la izquierda y la derecha.

Ejercicio 8-C

En cada figura, las letras se mueven en secuencia, en el sentido de las manecillas del reloj, en pasos determinados por el valor numérico de la letra central.

Ejercicio 9-25

Comenzando de arriba a la izquierda en el sentido de las manecillas del reloj, los números se incrementan por 6 en cada paso.

Ejercicio 10-N

Trabajando en líneas de izquierda a derecha, las letras avanzan por el alfabeto saltando 1 letra en la fila superior, 2 letras en la central, y 3 en la inferior.

Ejercicio 11-7

Todas las filas y las columnas suman 15.

Ejercicio 12-K

Comenzando arriba a la izquierda, y trabajando en forma de "Z" alrededor de los círculos, las letras siguen la secuencia alfabética, saltando 1, 2, 3... etc., letras cada vez.

Ejercicio 13-A

Al moverte a la derecha, suma 24 minutos a cada valor.

Ejercicio 14-G

En cada forma, los números alrededor del exterior, son todos múltiplos del número indicado por el valor numérico de la letra en el centro.

Ejercicio 15-9

Trabajando en columnas, de arriba hacia abajo, duplica cada número y resta 1 para obtener el siguiente valor hacia abajo, comenzando por el número central.

Ejercicio 16-50
Al moverte a la derecha, duplica cada número y resta 2.

Ejercicio 17-W
Desde la izquierda, las letras avanzan 3 lugares, después 4, 5 y 6.

Ejercicio 18-28
Al descender, suma 3 al número previo, después 4, 5, 6, etcétera.

Ejercicio 19-81
Comenzando por arriba, los números siguen la secuencia de los números cuadrados de 5, 6, 7, 8 y 9.

Ejercicio 20-A
Comenzando por la izquierda, y moviéndote hacia la derecha, los dos segmentos sombreados giran en direcciones opuestas, 1 espacio a la vez, mientras que los puntos se mueven un espacio en el sentido contrario a las manecillas del reloj.

Ejercicio 21-F
Tomando cada cuadro de puntos en la línea superior, gira el patrón 180 grados para formar el patrón en la línea inferior.

Ejercicio 22- Cuatro de diamantes.
En cada fila, la suma de los naipes negros siempre es 7, la suma de los naipes rojos siempre es 8. Una carta de cada palo aparece en cada fila.

Ejercicio 23-2
Tomando la línea horizontal de círculos por el centro del diagrama, estos valores equivalen a la suma de los dos números adyacentes en el patrón.

Ejercicio 24-1

Comenzando por la izquierda superior, y moviéndote en el sentido de las manecillas del reloj, la suma de los dígitos en cada círculo siguen la secuencia 6, 7, 8 y 9.

Ejercicio 25-I

Comenzando por la izquierda superior, y moviéndote en espiral en el sentido de las manecillas del reloj hacia el centro, las letras se mueven por el alfabeto, saltando 1 letra cada vez.

Ejercicio 26

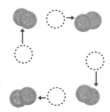

Ejercicio 27-3

Suma entre sí los dos números superiores, así obtendrás el resultado central de la izquierda, y suma la línea inferior de dígitos para obtener el resultado central de la derecha.

Ejercicio 28

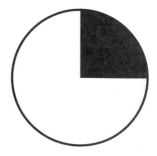

Trabajando en columnas, de arriba hacia abajo, el último círculo representa la adición de los segmentos sombreados de arriba de los 3 círculos superiores. Si un segmento sombreado aparece en uno de los tres círculos, aparece en la misma posición en el círculo inferior. Si hubiera dos segmentos sombreados en la misma posición en los círculos superiores, se cancelarían, y se convertirían en espacio en el círculo inferior. Los cuadors sombreados en los tres permanecen sombreados.

Ejercicio 29

Leyendo de izquierda a derecha, la suma de los puntos en cada dominó sigue la secuencia 2, 4, 6, 8, 10, 12.

Etapa 2

Ejercicio 1-7
Trabajando en líneas, de arriba hacia abajo, la suma de los dígitos en cada fila siguen la secuencia 10, 15, 20, 25, 30.

Ejercicio 2-F
Todos los patrones de puntos son simétricos alrededor de un vértice central.

Ejercicio 3-Señala al 2 (6:10)
Comenzando arriba, y trabajando en el sentido de las manecillas del reloj alrededor de las carátulas, el tiempo mostrado se incrementa por 1 hora y 20 minutos cada paso.

Ejercicio 4-2
En cada círculo, suma los números en los dos segmentos superiores, y obtendrás un números de dos dígitos, escríbelo en los dos segmentos inferiores.

Ejercicio 5-H

Comenzando arriba a la izquierda, después arriba al centro, y abajo por la columna de la derecha, para terminar abajo a la derecha, las letras siguen la secuencia alfabética, 6 letras cada vez.

Ejercicio 6-4

En cada fila, eleva al cuadrado el número central para obtener un valor de dos dígitos, y escribe este resultado en los espacios de la derecha y la izquierda.

Ejercicio 7-S

Trabajando en el sentido de las manecillas del reloj, las letras avanzan en pasos de 3, 4 y 5, trabajando de izquierda a derecha.

Ejercicio 8-J

Las letras en cada posición en el triángulo de la izquierda se incrementan en pasos de 4, 5, 6 y 7 mientras te mueves al siguiente triángulo de la derecha, regresando al comienzo del alfabeto una vez que hayas alcanzando la "Z".

Ejercicio 9-J

Trabajando en columnas, suma los valores numéricos de las dos letras superiores, así obtendrás el valor de la letra inferior.

Ejercicio 10-9

Comenzando por los números de la línea superior, suma el número central a cada uno, obteniendo el resultado de la línea inferior.

Ejercicio 11-A

Comenzando con la letra L y moviéndote en el sentido de las manecillas del reloj, las letras avanzan por el alfabeto 5 letras cada vez.

Ejercicio 12-3
La suma de los dígitos en cada lado del triángulo es igual a 15.

Ejercicio 13-62
Comenzando arriba, suma 1 al primero número, y multiplícalo por 2 para obtener el siguiente número.

Ejercicio 14-2
Trabajando en columnas, los números en cada una suman 17.

Ejercicio 15-D
La suma de los dígitos mostrados en cada reloj se incrementa por 2 en cada paso.

Ejercicio 16-5
Trabajando en filas, de izquierda a derecha, toma la forma exterior en cada cuadro y colócala en el centro de las otras formas, moviéndote un espacio a la derecha cada vez.

Ejercicio 17-5
En cada diagrama, los números alrededor del exterior se incrementan, siguiendo una secuencia determinada por el valor señalado en el círculo central.

Ejercicio 18-H
Comenzando de arriba a la izquierda y hacia abajo, después hacia arriba a la derecha y después hacia abajo otra vez, las letras siguen una secuencia alfabética, 4 letras cada vez.

Ejercicio 19-40
Cada fila horizontal de números sigue la secuencia de los múltiplos de 3, 4 y 5.

Ejercicio 20-49
Al moverte a la derecha, los números siguen la secuencia de los múltiplos de 7.

Ejercicio 21-6

Leyendo la línea superior como un número de tres dígitos, resta el número central, y escribe el resultado en los círculos inferiores.

Ejercicio 22-H

Comenzando en el vértice de cada triángulo, y moviéndote alrededor en el sentido de las manecillas del reloj, las letras saltan 3 lugares para el triángulo de la izquierda, 4 para el del centro, y 5 para el de la derecha.

Ejercicio 23-La manecilla que marca los minutos señala el 4

Comenzando con la carátula superior, y moviéndonos en el sentido de las manecillas del reloj alrededor de las otras tres, la manecilla de las horas avanza 3 horas a la vez, y la manecilla de los minutos se regresa 20 minutos cada vez.

Ejercicio 24-X

Comenzando arriba a la izquierda, y moviéndote en el sentido de las manecillas del reloj alrededor de los 4 círculos, suma 2 al valor de cada letra para obtener los valores de las letras en el siguiente círculo.

Ejercicio 25-78

Comenzando a la izquierda, duplica cada número y suma 2.

Ejercicio 26-M

Comenzando en la A y moviéndote en el sentido de las manecillas del reloj, las letras avanzan por el alfabeto 3 a la vez.

Ejercicio 27-

Ejercicio 28-3

Suma los números adyacentes en la fila inferior, y coloca los resultados en el cuadro directamente arriba, toma la diferencia entre los cuadros adyacentes en la siguiente fila hacia arriba, poniendo los resultados en el cuadro que se encuentra directamente arriba otra vez. Finalmente, toma la suma de estos dos cuadros, coloca el resultado en el cuadro superior.

Etapa 3

Ejercicio 1-10:25

Comenzando arriba, y moviéndote en el sentido de las manecillas del reloj alrededor de las carátulas de los relojes, la manecilla de los minutos se adelanta por 10 minutos en cada paso, y la manecilla de las horas retrocede una hora.

Ejercicio 2- Arriba O, P   Abajo R, Q

Comenzando arriba a la izquierda, toma cuadros de 2x2, con las letras del alfabeto escritas en secuencia en el sentido de las manecillas del reloj, alrededor de estos grupos de 4. Trabaja de izquierda a derecha, arriba a abajo, escribiendo el alfabeto en secuencia alrededor del cuadro.

Ejercicio 3-3

Trabajando de izquierda a derecha, la fila superior y luego la inferior, la suma de los números en cada círculo se incrementa en múltiplos de 5.

Ejercicio 4-18

Comenzando arriba, y trabajando hacia abajo, suma los primeros dos números entre sí.

Ejercicio 5-19

En cada fila del diagrama, la suma de los números es 19.

Ejercicio 6-8
Trabajando en columnas, el número hasta debajo de cada una es igual a la diferencia entre los dos números superiores.

Ejercicio 7-1
En cada fila, el número central es igual a la suma de los números de la izquierda y la derecha.

Ejercicio 8-E
Cada forma es rotacionalmente simétrica por 180 grados alrededor de su punto central.

Ejercicio 9-5
En cada diagrama, el promedio de los dos números superiores, y los dos números inferiores es escrito en el círculo central.

Ejercicio 10-5
En cada triángulo, resta los dos números inferiores del número en la cima del triángulo para obtener el valor en el centro.

Ejercicio 11-63
Trabajando en filas de izquierda a derecha y de arriba abajo, los números siguen la secuencia de los múltiplos de 7, 8, y 9.

Ejercicio 12-4
Trabajando de arriba abajo, leyendo cada par de números como un valor de dos dígitos, los valores siguen la secuencia de los números cuadrados, desde el 3 al 8.

Ejercicio 13-26
Moviéndote en el sentido de las manecillas del reloj desde el número 5, los números se incrementan en valor por 6, 7, 8, 9, etcétera.

Ejercicio 14-4

Trabajando en filas, suma los dígitos de la derecha y el centro entre sí, para obtener así el valor de la izquierda.

Ejercicio 15-3

Trabajando en columnas, la suma de los 3 números siempre es 17.

Ejercicio 16-5

Tomando los tres círculos superiores, suma entre sí los dos círculos inferiores, así obtendrás el valor de los círculos superiores, repite esta fórmula para los tres círculos abajo a la izquierda y abajo a la derecha.

Ejercicio 17-5

Comenzando por los números en la fila superior, y moviéndote en líneas rectas por el centro, multiplica los números superiores por el número central, poniendo los resultados en los círculos inferiores.

Ejercicio 18-4

En cada fila el número central es igual a la diferencia entre los números de la derecha y la izquierda.

Ejercicio 19-31

Comenzando por la fila inferior, suma los números adyacentes entre sí para obtener el valor en el cuadro arriba de ellos. Repite hasta llegar al vértice de la pirámide.

Ejercicio 20-343

Al moverte a la derecha, los números siguen los valores cúbicos de los números del 3 al 7.

Ejercicio 21-C

Trabajando en filas, sobreimpón el patrón de puntos de la izquierda y derecha, para formar el patrón central.

Ejercicio 22-57

Comenzando en la izquierda, y avanzando hacia la derecha, suma 3 al primer número, después 6 al siguiente, repite esta secuencia de manera alternada, primero 3 después 6.

Ejercicio 23

De izquierda a derecha:
2 de diamantes
5 de corazones, As de corazones, As de espadas.
Trabajando en columnas, la suma de los tres naipes superiores, y la suma de los tres naipes inferiores es igual al valor del naipe central. Asimismo, hay dos naipes de cada valor en cada fila. Aparte de las Espadas, ya que de este palo sólo hay una.

Ejercicio 24-13

Los cuadros siguen la secuencia de los números primos.

Ejercicio 25

Ejercicio 26-1:Q 2:R

En el primer óvalo, todas las letras tienen valores numéricos pares, y en el segundo, todos los valores son nones.

Ejercicio 27-24

Moviéndote en el sentido de las manecillas del reloj alrededor del círculo, los números siguen la secuencia de los múltiplos de 8.

Etapa 4

Ejercicio 1-M
En cada segmento, la suma de los valores numéricos en las letras exteriores e inferiores siempre es igual a 26.

Ejercicio 2-12
Trabajando en filas, suma 4 al dígito de la izquierda para obtener el valor central, y suma 6 a este dígito para obtener el valor de la derecha.

Ejercicio 3-E
Comenzando con la letra Q y moviéndote en el sentido de las manecillas del reloj, las letras se mueven hacia atrás por el alfabeto, en pasos de 3, 4, 5, 6, etcétera.

Ejercicio 4-4
Trabajando en columnas, multiplica los números de arriba y en medio entre sí, y escribe el resultado en el cuadro inferior.

Ejercicio 5-D
Trabajando de izquierda a derecha, arriba y abajo, los números de puntos en cada patrón se incrementan por 1 cada vez, después del 8 al 13.

Ejercicio 6-4:47
Comenzando por la izquierda, y avanzando hacia la derecha, suma 1 a cada dígito y gira sus posiciones a la izquierda.

Ejercicio 7-1
Comenzando por la fila superior, y moviéndote en líneas rectas a través del círculo central, los valores en la fila inferior equivalen a la diferencia entre los números en la fila superior y el número central.

Ejercicio 8-W
Comenzando arriba, y trabajando hacia abajo, suma 5 y 3
alternando al descender.

Ejercicio 9-J
Comenzando desde la B y avanzando en el sentido de las
manecillas del reloj, suma los valores numéricos de las primeras
dos letras para obtener la siguiente letra.

Ejercicio 10-K
Comenzando por la izquierda, el valor numérico de las letras
sigue la secuencia de los números primos.

Ejercicio 11-G
Comenzando con el triángulo de la izquierda, las letras se
incrementan en pasos de 2, 3 y 4, mientras te mueves hacia la
derecha, con sus posiciones moviéndose 1 lugar en el sentido de
las manecillas del reloj alrededor de las puntas de los triángulos.

Ejercicio 12-(De arriba hacia abajo) 5, 2, 3
Cada fila contiene 4 números de dos dígitos, los cuales siguen
la secuencia de los múltiplos de 4 para la fila superior, 5 para la
siguiente, después 6, 7, 8, y 9.

Ejercicio 13-12
En cada estrella, suma los dígitos en cada punta de la misma, y
divide entre 3 para obtener el valor central.

Ejercicio 14-A
Si tomas los valores numéricos de cada letra, todas las columnas
y filas suman 15.

Ejercicio 15-T
Comenzando por arriba, y trabajando en cada línea, de izquierda
a derecha, las letras siguen la secuencia, en pasos de 5.

Ejercicio 16-5

En cada diagrama, el número superior izquierdo menos el número central da como resultado el número superior derecho, y el inferior izquierdo sumado al número central da como resultado el número inferior derecho.

Ejercicio 17-25

En cada círculo, avanzando en el sentido de las manecillas del reloj, duplica el primer número y resta 1 para obtener el siguiente valor.

Ejercicio 18-Q

En cada estrella, las letras se mueven en el sentido de las manecillas del reloj alrededor de las puntas saltando 1, 2, 3 y 4 cada vez.

Ejercicio 19-R

Trabajando en columnas, las letras siguen la secuencia alfabética, en pasos de 3 para la columna de la izquierda, 4 para la central y 5 para la de la derecha.

Ejercicio 20

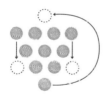

Ejercicio 21-19

Comenzando por arriba a la izquierda, y avanzando en forma de "Z" alrededor de los círculos, los números siguen la secuencia de los números primos.

Ejercicio 22- A:15   B:4

En el primer óvalo, todos los números son pares, y en el segundo, todos son nones.

Ejercicio 23-16
Trabajando en el sentido de las manecillas del reloj, desde 2, duplica cada número para obtener el siguiente.

Ejercicio 24-L
Trabajando en filas, de izquierda a derecha, las letras están acomodadas en orden alfabético consecutivo.

Ejercicio 25-5
Comenzando con el círculo superior izquierdo, y avanzando en el sentido de las manecillas del reloj alrededor de los otros 3, duplica cada número y resta 1 para obtener el valor en los segmentos correspondientes del siguiente círculo.

Ejercicio 26-Bananas

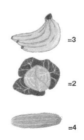

Ejercicio 27

Comenzando en la parte de arriba, y moviéndose como las manecillas del reloj, la del minutero regresa 25 minutos cada vez, mientras que la de la hora se mueve hacia adelante 3 horas por vez.

Ejercicio 28-A
Trabajando en columnas, la suma de los valores numéricos de las letras es escrita en el cuadro inferior.

Ejercicio 29-2
Dividiendo el diagrama en 2 de manera vertical y horizontal, el mismo patrón de 5x5 se muestra en cada cuadro.

Etapa 5

Ejercicio 1-12
Trabajando en columnas, la suma de los dos números superiores equivale el valor del número inferior.

Ejercicio 2-D
Comenzando con el cuadro superior, y trabajando en el sentido de las manecillas del reloj alrededor de él, las letras avanzan por el alfabeto, saltando 2 letras. Moviéndote en el sentido de las manecillas del reloj al siguiente cuadro, la secuencia de las letras salta 3, después 4, etcétera.

Ejercicio 3-11
Comenzando arriba a la izquierda, y tomando pares de números adyacentes, su total es siempre 20.

Ejercicio 4-O
Comenzando arriba a la izquierda, y trabajando en columnas de izquierda a derecha, la letras siguen la secuencia alfabética, saltando 4 letras cada vez.

Ejercicio 5-Siete de corazones
Trabajando en columnas, la suma de la columna de la izquierda es igual a 20, la siguiente suma 19, después 18, luego 17. Un naipe de cada palo aparece en cada fila.

Ejercicio 6-6
En cada diagrama, multiplica el número superior izquierdo por el número central, y así obtienes el número inferior izquierdo, y restando el número central del número superior derecho obtenemos el número inferior derecho.

Ejercicio 7-20
Comenzando por arriba, suma 7 al primer número para obtener el siguiente, después resta 2 para la que le sigue después, continúa con la misma secuencia para los siguientes números.

Ejercicio 8-J
Comenzando por arriba a la izquierda, y avanzando en un espiral en el sentido de las manecillas del reloj hacia el centro, las letras siguen la secuencia alfabética en pasos de 8 letras.

Ejercicio 9-B
Trabajando de izquierda a derecha, suma 1 a cada dígito y gira un lugar hacia la izquierda.

Ejercicio 10-2
En cada círculo, la suma de los segmentos siempre equivale a 13.

Ejercicio 11-A
Trabajando en filas, de izquierda a derecha, los números de los puntos en cada patrón se incrementan en 2 cada vez.

Ejercicio 12-23
En cada triángulo, el valor en el centro equivale a la suma de las raíces cuadradas de los tres números en cada esquina.

Ejercicio 13-80
Al avanzar hacia la derecha, los números muestran la secuencia de los números cuadrados, desde el 5 al 9, restando 1 cada vez.

Ejercicio 14- A: Impar=28   B: Impar=74
En el primer óvalo, todos los números son múltiplos de 3, y en el segundo, todos los números son múltiplos de 4.

Ejercicio 15-5
El valor en cada círculo de la esquina equivale a la suma de los valores en los dos círculos adyacentes.

Ejercicio 16-2
Trabajando en columnas, el número superior equivale a la suma de los dos números inferiores.

Ejercicio 17-N
Trabajando en filas, suma los valores numéricos de las letras de la izquierda y del centro, y así obtener el valor de la letra de la derecha.

Ejercicio 18-J
Comenzando con las letras en la fila superior, y avanzando en líneas rectas por el centro, suma los valores numéricos de las letras de arriba y el centro para obtener el valor de las letras en la línea inferior.

Ejercicio 19-4
En cada cuadro, el promedio de los tres números exteriores son escritos en el cuadro del centro.

Ejercicio 20-D
Trabajando en columnas, la suma de los valores numéricos de las letras en cada columna equivale a 22.

Ejercicio 21-4
Todas las columnas suman 15.

Ejercicio 22-43
Los números aumentan por 7 cada vez.

Ejercicio 23-3
En cada círculo, la suma de los 4 números equivale a 16.

Ejercicio 24- Sacapuntas

=6

=8

=9

Ejercicio 25- Joto de espadas
Comenzando arriba a la izquierda, y trabajando en filas, de arriba hacia abajo, los naipes siguen una secuencia, en pasos de 1, 2, 3, etc., hasta llegar a 8, después 7, luego 6, 5, etc. hay un naipe de cada palo en cada línea.

Ejercicio 26- Izquierda a derecha, 28, 40, 54
En cada fila, los números se incrementan por 2, después 3, 4, 5 etc. mientras desciendes por el diagrama.

Ejercicio 27-1
Trabajando en filas, comenzando por la izquierda, refleja el primero cuadro alrededor del eje vertical, para obtener el cuadro central, e invierte los colores de este cuadro para obtener el de la derecha.

Ejercicio 28-M
Trabajando de izquierda a derecha, suma 2 al valor de la primera letra para obtener la siguiente, suma 4 para obtener la que sigue, y repite esta secuencia alternadamente sumando 2 y luego 4.

Etapa 6

Ejercicio 1-E
Si sobrepones la fila superior de cuadros en los cuadros correspondientes de la línea inferior, el resultado es un patrón de puntos desde las letras X, Y y Z.

Ejercicio 2-22
Cuadra los dos números en la parte inferior de cada triángulo, súmalos entre sí y resta el número superior para obtener el valor del centro del triángulo.

Ejercicio 3-18
Comenzando arriba y avanzando en el sentido de las manecillas del reloj, suma los primeros dos números entre sí, y resta 2, y así obtener el siguiente número en la secuencia.

Ejercicio 4-1
En cada fila, la suma de los números impares es igual a los números pares.

Ejercicio 5-H
Tomando pares de letras desde las posiciones correspondientes en las estrellas de la derecha y la izquierda, suma sus valores numéricos entre sí, y coloca el resultado en la estrella central.

Ejercicio 6-8
En cada diagrama, la diferencia entre la suma de los números impares y los pares es escrita en el círculo central.

Ejercicio 7-9
En cada diagrama, el número en el centro es igual a la diferencia entre la suma de los pares de números inferiores y superiores.

Ejercicio 8-5

En cada círculo, los números en los segmentos opuestos suman el mismo valor de 10 para la izquierda superior, 11 para la derecha, 12 para abajo a la izquierda y 13 para abajo a la derecha.

Ejercicio 9-S

Trabajando en columnas, suma los valores numéricos de las dos letras superiores entre sí para obtener el valor de la letra inferior.

Ejercicio 10-26

En cada círculo, multiplica el número más bajo por dos, y suma 2 para obtener el siguiente número.

Ejercicio 11-1

En cada triángulo, multiplica los dos números inferiores, y resta el número superior para obtener el resultado en el centro del triángulo.

Ejercicio 12-6

Leyendo cada fila como un número de tres dígitos, la fila superior menos la fila central es igual a la fila inferior.

Ejercicio 13-X

Trabajando de arriba hacia abajo, de izquierda a derecha, las letras siguen la secuencia alfabética, saltando 1 letra, 2 letras, 3, 4, 5, etcétera.

Ejercicio 14-17

Los valores en cada cuadro equivalen a la suma de los dos números en los cuadros directamente debajo, menos 1.

Ejercicio 15-D

Tomando pares de letras en los segmentos opuestos, uno está a la misma distancia desde el principio del alfabeto como el otro está del fin del mismo.

Ejercicio 16-G

Comenzando en el vértice del triángulo, y avanzando en el sentido de las manecillas del reloj, las letras avanzan por el alfabeto en 6 cada vez.

Ejercicio 17-18

Trabajando de arriba hacia abajo, resta 5 del primero número para obtener el siguiente, después resta 7, 9, 11 y 13 para los demás.

Ejercicio 18-10

Comenzando por las dos filas superiores, suma los números en la superior para obtener el siguiente número inferior de la izquierda, y multiplícalos entre sí para obtener el resultado inferior derecho. Repite esta secuencia para la tercera y cuarta filas.

Ejercicio 19-Q

Las letras en los lados opuestos del círculo central son el mismo número de letras lejanas a la letra dada en el círculo central.

Ejercicio 20-R

Comenzando por arriba, las letras avanzan por el alfabeto, en pasos de 5, 6, 7 y 8.

Ejercicio 21-A, Q

En el círculo exterior, comenzando por la C y avanzando en el sentido de las manecillas del reloj, la letras avanzan por el alfabeto en pasos de 2, 3, 4, etc. en el círculo interior, comenzando por la M y avanzando en el sentido contrario a las manecillas del reloj, las letras se mueven por el alfabeto en pasos de 2, 3, 4, etcétera.

Ejercicio 22-K

Comenzando abajo a la izquierda, y avanzando a cuadros alternantes en el sentido de las manecillas del reloj alrededor del triángulo, las letras se mueven en pasos de 3.

Ejercicio 23

Ejercicio 24- 1: N 2: O
En el primer óvalo, los valores numéricos de las letras son múltiplos de 3, y en el segundo, todos son múltiplos de 4.

Ejercicio 25

En cada carátula, la manecilla de la hora señala un número que es el doble de los minutos de la otra manecilla.

Ejercicio 26-109
Trabajando de izquierda a derecha, multiplica cada número por dos, y suma 3 para obtener el siguiente número.

Ejercicio 27-E
Divide el círculo, horizontal y verticalmente, en cuartos. Los valores numéricos de las letras en los segmentos adyacentes en cada cuarto del círculo suman 20.

Ejercicio 28-2
Los cuatro números en las esquinas del diagrama, y los cuatro números en el centro de cada lado, suman 20.

Ejercicio 29-251
Comenzando por arriba, y trabajando hacia abajo, duplica cada número y súmale 5 para obtener el siguiente número.

Ejercicio 30 -León

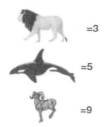

=3

=5

=9

Etapa 7

Ejercicio 1-N
Comenzando por las letras en la línea superior, resta el valor numérico de la letra central para obtener las letras de la línea inferior.

Ejercicio 2-J
Comenzando arriba y avanzando en el sentido contrario de las manecillas del reloj las letras avanzan por el alfabeto 8 letras cada vez.

Ejercicio 3-D
Comenzando en la izquierda, y avanzando hacia la derecha, el punto se mueve de un segmento al que se encuentra directamente opuesto, y de regreso otra vez. El # se mueve un lugar en el sentido contrario a las manecillas del reloj cada vez, tal como lo hace el segmento sombreado.

Ejercicio 4-11
El valor de los números en el triángulo inferior equivale a la suma de los números en las posiciones correspondientes en los dos triángulos superiores.

Ejercicio 5-7
Encuentra la diferencia entre los pares correspondientes de números, en las estrellas de la izquierda y el centro, y coloca el resultado en la misma posición en la estrella de la derecha.

Ejercicio 6-G
Comenzando en la izquierda, y trabajando hacia abajo en columnas, si es posible, y avanzando a la derecha, las letras siguen la secuencia alfabética en pasos de 2, 3, 4, 2, 3 y 4, etcétera.

Ejercicio 7-N
Comenzando en la izquierda, y avanzando al segmento correspondiente en la derecha, las letras se incrementan en valor por pasos de 4, 5, y 6.

Ejercicio 8-89
Comenzando por arriba a la izquierda y trabajando hacia abajo, después hacia arriba en la columna central y hacia abajo por la columna derecha, suma los primeros dos números entre sí, y así obtendrás el siguiente número.

Ejercicio 9
En cada carátula de reloj, los números señalados por las manecillas suman 9.

Ejercicio 10-J
Comenzando por la izquierda, las letras siguen la secuencia alfabética, saltando letras trazadas con sólo líneas rectas.

Ejercicio 11-100
Para la columna de la izquierda, duplica cada número, y resta 3 para obtener el siguiente número; para la columna de la derecha, duplica cada número y resta 4 para obtener el siguiente número.

Ejercicio 12-6
Los valores en el triángulo inferior equivalen a la diferencia entre los números correspondientes en los dos triángulos superiores.

Ejercicio 13-9

En cada triángulo, el valor en el centro es igual a la suma de los números impares alrededor de las puntas del triángulo, menos la suma de los números pares.

Ejercicio 14-3

Dividiendo el diagrama en tres triángulos más pequeños (uno arriba, otro a la derecha y el último a la izquierda), cada uno conteniendo 3 números, la suma del número siempre es 15.

Ejercicio 15-Z

Comenzando arriba, avanza en el sentido de las manecillas del reloj alrededor de los cuadros exteriores, y después los interiores, las letras avanzan por el alfabeto, saltando 3 letras cada vez.

Ejercicio 16-18

Comenzando arriba, multiplica los dos dígitos de cada número entre sí y resta este total, y así obtendrás el siguiente valor.

Ejercicio 17-E

En cada línea la suma de los valores numéricos de cada letra es siempre 20.

Ejercicio 18-18

Comenzando arriba a la izquierda, y moviéndote en el sentido de las manecillas del reloj, resta 3 de un número impar para obtener el siguiente valor, y resta 5 de cualquier número par de la misma manera.

Ejercicio 19-M

Comenzando arriba a la izquierda, y avanzando en el sentido de las manecillas del reloj alrededor del diagrama, las letras siguen la secuencia alfabética, saltando cualquier letra trazada con líneas curvas.

Ejercicio 20-10

Trabajando de arriba hacia abajo, suma los primeros dos
números entre sí, y resta 3 para obtener el siguiente valor.

Ejercicio 21

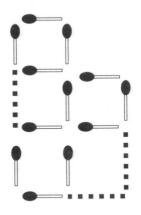

Ejercicio 22-6

Suma los valores numéricos de las letras en cada fila entre sí, y
coloca este resultado de dos dígitos en la línea inferior.

Ejercicio 23-J

En cada fila, suma los valores numéricos de las letras de la
izquierda y la derecha, y escribe la letra con el valor alfabético
inverso en el cuadro del centro.

Ejercicio 24-11

Trabajando en filas, de izquierda a derecha, multiplica cada
número por 2 y suma 1 para obtener el siguiente número.

Ejercicio 25

Ejercicio 26

< + +

X > >

0 0 >

Comienza arriba a la izquierda, y avanza en filas hacia la derecha, después hacia abajo una fila y a la izquierda etc., en un patrón de "Serpientes y escaleras", utilizando la secuencia repetida de símbolos X X > > > 0 0 < + + <

Tablas de multiplicar

×	1	2	3	4	5	6	7	8	9	10	11	12
1	1	2	3	4	5	6	7	8	9	10	11	12
2	2	4	6	8	10	12	14	16	18	20	22	24
3	3	6	9	12	15	18	21	24	27	30	33	36
4	4	8	12	16	20	24	28	32	36	40	44	48
5	5	10	15	20	25	30	35	40	45	50	55	60
6	6	12	18	24	30	36	42	48	54	60	66	72
7	7	14	21	28	35	42	49	56	63	70	77	84
8	8	16	24	32	40	48	56	64	72	80	88	96
9	9	18	27	36	45	54	63	72	81	90	99	108
10	10	20	30	40	50	60	70	80	90	100	110	120
11	11	22	33	44	55	66	77	88	99	110	121	132
12	12	24	36	48	60	72	84	96	108	120	132	144

	Números Cúbicos	Números Cuadrados	Valores Numericos		Números Primos
1	1	1	1	A 26	2
2	8	4	2	B 25	
3	27	9	3	C 24	3
4	64	16	4	D 23	
5	125	25	5	E 22	5
6	216	36	6	F 21	
7	343	49	7	G 20	7
8	512	64	8	H 19	
9	729	81	9	I 18	11
10	1000	100	10	J 17	
11	1331	121	11	K 16	
12	1728	144	12	L 15	13
13	2197	169	13	M 14	
14	2744	196	14	N 13	
15	3375	225	15	O 12	17
16	4096	256	16	P 11	
17	4913	289	17	Q 10	19
18	5832	324	18	R 9	
19	6859	361	19	S 1	23
20	8000	400	20	T 7	
			21	U 6	29
			22	V 5	
			23	W 4	
			24	X 3	
			25	Y 2	
			26	Z 1	

TÍTULOS DE ESTA COLECCIÓN

Impreso en los talleres de
MUJICA IMPRESOR, S.A. DE C.V.
Calle Camelia No. 4 Col. El Manto
Deleg. Iztapalapa, México, D.F.
Tels: 5686-3101.